b⁵⁵ 788
A

PROCÈS

DE LA

GAZETTE DE FRANCE.

COUR D'ASSISES DE LA SEINE.

AUDIENCE DU 5 MAI 1849.

ACQUITTEMENT.

PARIS,
TYPOGRAPHIE DE FIRMIN DIDOT FRÈRES,
IMPRIMEURS DE L'INSTITUT DE FRANCE,
RUE JACOB, N° 56.

1849.

PROCÈS

DE

LA GAZETTE DE FRANCE.

La *Gazette de France* paraissait devant la cour d'assises, pour attaques contre *les droits et l'autorité de l'Assemblée nationale, et contre les institutions républicaines et la Constitution.*

Cette poursuite, dirigée contre trois articles, devait amener deux procès; mais un arrêt de jonction a renvoyé le journal devant la cour d'assises pour être statué par un seul arrêt.

M. de Thorigny se présente pour répondre à cette accusation.

M. Mongis occupe le siége du ministère public.

M. l'avocat général commence son réquisitoire en lisant le premier article incriminé; c'est une pétition des électeurs d'Argentan à l'Assemblée nationale et ainsi conçue :

*Les électeurs de l'arrondissement d'Argentan (Orne), à **MM**. les membres de l'Assemblée nationale.*

« Messieurs,

« Depuis trop longtemps la France est en souffrance.

« Depuis dix mois surtout, elle a passé par des crises terribles, qui ont aggravé sa position, compromis la situation générale et particulière de la population industrielle et laborieuse, au point de mettre en question l'existence même de toute la société, si *le vote du 10 décembre n'était venu ranimer l'espoir* dans tous les cœurs.

« Le sort de la France, le sort de nous tous ne sera définitivement fixé que quand l'immense majorité qui vient de se prononcer si admirablement pour l'ordre, aura exprimé sa volonté, tout entière.

« Nous vous avons élus, messieurs les représentants, pour vous occuper de la Constitution. Ce but rempli, vous deviez nous soumettre le résultat de vos travaux ; et, au lieu de suivre cette marche toute logique, la majorité de votre Assemblée a prétendu nous imposer une Constitution bâclée sous l'empire de l'état de siége, et nous voyons que bon nombre d'entre vous tendraient à se perpétuer à 25 fr. par jour.

« Cela ne peut se continuer, messieurs les représentants ; les 45 centimes, pas plus que l'impôt progressif, ne peuvent nous aller. Toutes nos ressources sont épuisées. Aussi la voix publique vous crie-t-elle de toutes parts : Appel à la nation, appel à la nation pour une nouvelle Assemblée !

« Nous espérons, messieurs, que vous ne resterez pas sourds à notre voix, à la voix de notre commune et bien-aimée patrie ; car, s'il en était autrement, nous verrions à aviser au plus vite par toutes les voies légales.

« Puisse la présente protestation contribuer à vous faire comprendre toute l'étendue de vos devoirs ! »

Cet article, messieurs, ajoute M. l'avocat général, a perdu de son actualité ; mais si les circonstances pour lesquelles il a été fait ne sont plus les mêmes, il faut et l'on doit examiner si la loi n'a pas été violée par cette publication ; quel esprit en a été la suite, et l'effet qu'elle a pu produire. Je ferai d'abord remarquer, messieurs les jurés, qu'autre chose est le droit de pétition, droit que nous ne contestons pas, droit sacré qui ne doit, qui ne peut être aliéné, et l'expression du vœu isolément formé par quelques citoyens qui n'avaient pas le droit de s'intituler les électeurs d'un pays, car ils n'en étaient qu'une fraction, et d'ailleurs ce titre d'électeur n'est réel et ne pourrait être invoqué qu'au moment où le pays fait un appel aux citoyens, et les convoque autour de l'urne du scrutin.

Cette pétition, qui devait être annoncée comme l'œuvre de quelques citoyens d'Argentan et non comme émanant des électeurs de cette localité, n'était pas parvenue à l'Assemblée nationale quand la *Gazette* l'a publiée dans ses colonnes. C'est là, selon nous, une grave imprudence qu'il faut relever avec d'autant plus de soin qu'elle se rencontre dans un journal le défenseur habituel des grands intérêts que nous aussi nous défendons. Mais si cette pétition n'était jamais parvenue à l'Assemblée, on comprend que ce tort s'aggraverait encore, puisqu'il existerait même avec la réalité de l'envoi et du dépôt de la pétition.

Nous voyons dans la publication de cette pétition les deux délits qui amènent devant vous le gérant de la *Gazette* : une attaque aux institutions républicaines et à la constitution. N'y a-t-il pas, en effet, un outrage sanglant dans ce reproche adressé à l'œuvre des législateurs d'avoir été bâclée sous l'influence de l'état de siége? N'est-ce pas l'ébranler dans son essence et dans son principe que de la présenter comme une œuvre de peu de valeur, oubliant que cette œuvre doit durer et que d'elle dépendent les destinées de la France. Reprocher aux représentants investis du pouvoir de faire une constitution de l'avoir imposée à la France, c'est oublier les termes de cette mission. Oui, l'Assemblée avait le droit de l'imposer, parce que telle était la volonté du pays, et malheur au pays s'il ne respecte pas ce joug salutaire qui doit durer jusqu'à ce que la souveraineté nationale en ait ordonné autrement.

Il y a dans ces attaques contre l'Assemblée un outrage aux droits qu'elle tenait de la nation, et quant à cet appel aux moyens légaux pour amener sa dissolution, nous avouons que nous ne connaissons pas de légalité contre la légalité. Et pourquoi faut-il que vous trouviez ces expressions si vagues dans un journal qui, je le répète, s'est fait plus d'une fois l'interprète de nos pensées et des besoins de la société, et lorsque le même appel aux moyens légaux se rencontre dans une autre feuille, organe des passions démagogiques les plus exaltées, et qui, elle aussi, écrit le code de la *résistance légale* à tout ce qui pourrait entraver son œuvre de ruine et de destruction. C'est là un rapprochement qui nous afflige, messieurs, et que la *Gazette*, nous n'en doutons pas, repoussera avec empressement. Nous ne lui en dirons pas moins : Vous qui défendez les bases sacrées de la société, la famille, la propriété, ne parlez pas de voies légales de résistance, laissez toutes ces expressions vagues, sans application précise, sans application possible. Ce qui ne peut s'expliquer, ce qu'on ne peut appliquer est mauvais aussi bien dans la vie du particulier que dans la vie de l'homme public!

Nous ne comprenons pas davantage le mot de protestation employé dans cette pétition. Il n'appartient à personne de protester contre l'Assemblée issue du suffrage universel; ce droit n'appartient qu'aux électeurs et au jour, je le répète encore, où ils sont appelés à formuler leur pensée par le scrutin. Voici comment ils doivent protester; mais, tant que les législateurs, par le droit qu'eux-mêmes leur ont donné, sont assis sur leurs siéges, tant que dure leur mandat, personne n'a le droit de les rappeler à leur devoir.

Je passe au deuxième article. C'est une réponse au *Censeur de Lyon* :

« Nous prions le *Censeur de Lyon* de nous expliquer pourquoi il dit, en parlant des hommes qui, attachés à l'hérédité, veulent l'héritier : *Les insolents partisans de Henri V!*

« En quoi l'opinion légitimiste peut elle être taxée d'*insolente?*

« Insolent, veut dire *effronté, qui perd le respect, orgueilleux.*

« Qu'y a-t-il d'effronté à vouloir ce qu'on a voulu pendant quatorze cents ans en France? Envers qui peut-on perdre le respect en restant fidèle à cette opinion? Orgueilleux est le seul mot que nous acceptions. On peut être orgueilleux, en effet, de soutenir le droit, la vérité, la justice, quand tant de gens les abandonnent. »

Messieurs, ce n'est pas nous qui méconnaîtrons, qui flétrirons le respect dû malheur et aux grandeurs éclipsées. Cet article répond au sens intime de tous les honnêtes gens. Ce que nous blâmons, c'est sa conclusion, c'est d'avoir fait d'un appel à un sentiment d'équité et de générosité un appel à des prétentions que la France n'a pas voulu admettre jusqu'à présent, et que probablement elle ne reconnaîtra jamais. C'est là, selon nous, un appel à l'insurrection contre le principe auquel la France s'est liée le 4 mai 1848.

M. l'avocat général passe au troisième article, qu'il lit comme les deux autres, en s'interrompant quelquefois pour donner son approbation aux sentiments qui y sont exprimés :

« Il y a maintenant trois siècles qu'une grande révolte se déclara dans le Nord de l'Europe, sous l'influence de Luther et de ses disciples couronnés et autres. La ligue de Smalcalde, qui résume les principes de l'insurrection, nous offre exactement tout ce que les révolutions accomplies sous l'autorité du philosophisme ont invoqué de maximes perverses et subversives. Cette ligue soulevée contre les états généraux de la chrétienté, le concile de Trente, contre le représentant de l'unité religieuse, le Pape, enfin contre le chef de l'empire germanique, délia les peuples de leurs droits et de leurs serments envers les princes catholiques, les autorisa à se lever et à s'attrouper contre eux, et les porta au meurtre, au pillage et à tous les excès ; en un mot, elle proclama et organisa la guerre civile.

« On sait quel fut le résultat de cette ligue, qui fit répandre des torrents de sang en Allemagne, et aboutit, après cent ans d'extermination et de dévastations, au traité de Westphalie, cette grande charte octroyée qui, sous le voile spécieux de la liberté de conscience, consacra la rébellion, livra des peuples entiers comme des troupeaux à de nouveaux maîtres, changea toutes les conditions de leur existence civile et politique, prépara le pouvoir absolu, et fit prévaloir dans la plus grande partie de l'Europe le système de la monarchie ministérielle, qui, anéantissant toutes les anciennes libertés, préparait de nouveaux troubles dans l'ordre politique, à la place des guerres de religion.

« Pendant ce temps, le protestantisme suivait une marche parallèle en Angleterre. La persécution et l'oppression des catholiques sous les règnes d'Henri VIII et d'Élisabeth, la réduction de l'Irlande par la force des armes, la révolution de 1648 concordant avec le traité de Westphalie comme pour le sceller du sang d'un roi, celle de 1688 faite contre le catholicisme et la liberté, aboutissant à l'esclavage politique d'une grande partie de la population, à la confiscation des biens et à la domination de la classe féodale sur le souverain et sur le peuple, tels furent les résultats de cette rébellion qui, à Smalcalde comme à Londres, ne devait rapporter au monde que désolation, ruine, esclavage, et calamité de toutes les sortes, à la place de cette forte et mâle civilisation qui allait se développant jusqu'à François Ier, et qui, arrêtée par le pouvoir absolu, reprit son essor en 1789.

« La révolution française, fille de la philosophie du dix-huitième siècle qui l'était elle-même du protestantisme, en niant les traditions séculaires des peuples, vint mettre le comble à ce désordre et appesantir le joug qui pesait sur la tête des peuples. Après vingt ans de guerres acharnées, on vit reparaître à Vienne une contre-épreuve du traité de Westphalie, continuant la consécration solennelle du droit de conquête, du droit de partager, céder et transporter les populations comme des troupeaux, de leur donner des lois nouvelles, et même de réformer leur éducation, leurs mœurs et jusqu'à leur langage national.

« Il ne faut pas oublier le partage de la Pologne effectué entre trois princes philosophes élevés à l'école de Voltaire, de Diderot et de d'Alembert, en vertu d'un droit public que M. de Talleyrand a mis en pratique avec un si prodigieux succès sous la République, le Directoire et l'Empire.

« Eh bien ! c'est contre cette complication de despotisme et d'anarchie, contre cette chaîne non interrompue d'iniquités et de violences, dont le premier anneau remonte à Luther, et dont le dernier a été dans les mains de M. de Talleyrand, que les peuples sont en mouvement. Les nations font effort pour expulser ces germes de dissolution et de corruption, de même qu'un malade rejette les causes délétères qui causent sa fièvre et menacent sa vie.

« En Angleterre, l'Irlande et la partie catholique de la population ont forcé une aristocratie puissante et un clergé intolérant à reconnaître leur indépendance et à abolir un serment odieux : le clergé anglican, qui a trouvé la corruption dans des richesses mal acquises, voit les dîmes échapper enfin à ses mains avides, mains impuissantes ; la réforme parlementaire a brisé le levier dont se servait depuis un siècle et demi un parti plein d'orgueil, qui s'était élevé par le meurtre d'un roi, l'exil d'une royale famille, et la tyrannie la plus dure exercée envers les catholiques.

« En Belgique, le peuple a brisé et jeté au loin le joug que la Hollande protestante avait voulu lui imposer.

« En 1789, il avait déchiré le traité de Westphalie, par lequel on l'avait livré à l'Autriche ; en 1830, il a déchiré le traité de Vienne, qui l'avait enchaîné à la maison de Nassau.

« En Pologne, même effort, même but.

« L'Italie est debout pour réclamer son indépendance.

« Dans les provinces allemandes, il y a eu également effort pour ressaisir les anciennes libertés qui ont disparu au milieu des ruines entassées par les guerres de religion, les traités insidieux qui ont formé la force fédérale, par l'envahissement de la liberté des peuples et des actes d'où sont sortis des souverainetés, des couronnes et des constitutions privées de la sanction des temps.

« En France, enfin, il y a lutte entre deux principes : c'est, d'un côté, le catholicisme, l'ordre naturel et successif, la nationalité, les droits des communes et des citoyens ; de l'autre côté, le philosophisme, le pouvoir constituant, l'envahissement, la centralisation.

« Si des questions de parti se mêlent à ces conflits, elles n'apparaissent qu'à la surface de la société.

« Si la révolte paraît combattre contre le principe de la révolte ce n'est encore qu'extérieurement et à la surface. Au fond, la lutte a pour but d'étouffer à jamais le monstre hideux né à Smalcalde.

« Chacun porte la peine de ses fautes et recueille ce qu'il a semé. L'injustice porte ses fruits amers.

« Le protestantisme, la philosophie du dix-huitième siècle, le libéralisme du dix-neuvième siècle, sont les preuves par lesquelles le monde devait passer pour reprendre son existence interrompue et rentrer dans les voies d'où le principe de la révolte l'a fait sortir.

« Le protestantisme, morcelé en une infinité de sectes, divisé contre lui-même et affaibli par les concessions qu'il a été obligé de faire au principe de liberté, n'est plus qu'un fantôme. La philosophie du dix-huitième siècle se meurt de décrépitude et de marasme, et n'est plus pour le monde intelligent qu'un objet de dérision. Le libéralisme démocrate aura moins de durée encore, car il a vécu plus vite que les deux principes qui l'ont précédé, et s'est épuisé par l'étendue de ses efforts. Il succombera sous la lassitude et la colère des peuples.

« Le principe de la révolte et de la tyrannie ayant ainsi épuisé ses transformations et ce qui lui est donné d'existence, est remplacé déjà par le principe de liberté à l'abri duquel fleuriront les peuples, la morale et la justice. Les souverains et les nations à qui manquera un point d'appui, retrouveront celui auquel il est donné de ne pas s'affaiblir et de résister à tous les efforts humains, parce qu'il est la vérité.

« L'Europe alors rentrera dans la voie du progrès, dont elle a été éloignée par l'erreur et les fausses lumières. Ce qui se passe en Allemagne ne peut différer de ce qui s'accomplit ailleurs ; la marche de l'esprit humain est constante et soumise à des lois invariables. Le catholicisme finira par rétablir sur leurs bases toutes les conditions de l'ordre et de la liberté.

« Nous regardons toutes les institutions d'origine anglaise comme mortes dans ce pays, où l'on ne parviendra pas non plus à introduire les institutions américaines, et nous sommes heureux de proclamer tous les jours maintenant les libertés françaises, celles qu'en 1789 Louis XVI voulait nous rendre : le vote universel dans les communes, les assemblées cantonales, provinciales et générales, ces libertés dont le serment du Jeu de Paume et le programme de l'Hôtel de

Ville auraient à jamais privé la France, sans les efforts généreux de l'opinion nationale dont nous sommes glorieux d'être les organes. Oui, nous en avons l'espoir, une nouvelle révolution s'accomplira dans notre France; les idées françaises l'emporteront enfin sur les idées de l'Angleterre et de l'Amérique.

« La France sera la reine du monde le jour où elle sera rendue à elle-même et où le parti des idées étrangères sera enfin démasqué à tous les yeux. Il est bien vrai que l'ordre social de toute l'Europe ne peut trouver de base solide qu'en France; mais pour que nous puissions offrir cette base solide à l'Europe, il faut commencer par la réaliser chez nous.

« Pie IX et Henri V rétablis, voilà les deux conditions du rétablissement de l'ordre dans toute l'Europe.

« Il ne faut pas compter que ceux qui croient avoir le droit de s'insurger ne s'insurgeront pas; il faut amener un état de choses et une constitution où personne ne puisse être autorisé à prendre les voies violentes pour changer le gouvernement. Tant que, dans ce pays, les hommes du pouvoir diront que l'insurrection est le principe de ce pouvoir, *les passions ne désarmeront pas, et les bras resteront armés.*

« Nous croyons avoir indiqué le mal et le remède; l'appel au peuple nous rendra l'unité nationale, et l'unité nationale, rétablie, la France est sauvée, et elle sauvera l'Europe. »

Certes, ajoute-t-il, c'est là le langage d'hommes de cœur et de probité, de penseurs austères et consciencieux, et il nous est doux de leur rendre justice. Pourquoi faut-il que cette sympathie pour les prémisses de leur œuvre se change en blâme quand vient la conclusion, car c'est sur la conclusion seule de cet article que nous appelons les sévérités de la loi.

M. l'avocat général revient, phrase par phrase, sur cette publication, et l'approbation qu'il donne à presque tous les points de cette discussion historique et politique se change en critique quand il en vient aux refus de la France de s'associer aux formes américaines. C'est là où, selon M. l'avocat général, le journal éclaircit les voiles de retenue dont il s'est enveloppé. Cette circonspection disparait tout à fait alors que la publicité appelle le rétablissement de Pie IX et d'Henri V. Et remarquez-le, ajoute M. l'avocat général, ce n'est pas le premier de ces vœux... Oui, le retour de Pie IX dans son pouvoir est populaire, non-seulement en France, mais dans la chrétienté toute entière... Pie IX qui, le premier, s'était attelé au char des libertés publiques et l'avait laissé dans la voie où il a été arrêté par des ingrats incapables de comprendre et de reconnaître tant de bienfaits. Oui, nous reconnaissons la justesse de ce vœu, nous approuvons le respect dont on entoure le nom du pontife libérateur qui, nous l'espérons, sera bientôt le pontife délivré, mais nous ne voulons pas que sous l'empire d'une constitution républicaine votée sur le terrain de la constitution, et lorsque tant de discussions s'agitent encore autour de son berceau, on nous jette le nom d'Henri V, et qu'on en fasse un symbole de discorde et de guerre.

Nous regrettons qu'on ait fait sortir ce nom de cette sphère de réserve et de modération où il s'est tenu jusqu'à présent, qu'on l'ait fait descendre dans une arène où jusqu'à présent il n'a pas voulu se montrer, méritant par cela même le respect de ses adversaires.

Dans une brochure qu'on trouve partout, un homme d'une opinion bien différente de celle que représente la *Gazette*, a visité l'exilé, et il s'est incliné devant la modération, et il a consigné dans son écrit cette déclaration qu'il ne reviendrait jamais en France qu'appelé par la nation entière.

M. l'avocat général termine en appelant la fusion de toutes les idées honnêtes et conservatrices dans un seul parti capable de combattre les efforts de ceux qui veulent le renversement de la société.

Non! s'écrie-t-il en terminant, on ne les désarmera pas en invoquant pour symbole un nom qui, je le répète, est respecté par ses adversaires aussi bien que par ses amis. Ces amis ont reconnu que vous aviez fait œuvre de parti et commis une haute imprudence en invoquant ce nom. On vous a désapprouvés, et nous, nous faisons plus, car, ce qui, pour eux, a été une imprudence, a été pour nous un délit dont nous demandons la répression au jury.

M⁰ de Thorigny (profond silence).

M. l'avocat général a pressenti justement l'impression que son réquisitoire devait produire au banc de la défense, lorsqu'il a assimilé la *Gazette de France*, au nom de laquelle je me présente, à ces feuilles démagogiques qui semblent n'avoir d'autre mission que de fomenter sans cesse le désordre dans la société, en y jetant le doute, le manque de respect, le mépris même pour tout ce qui peut en assurer les fondements et la durée. Cette assimilation, je la repousse avec énergie ! Et quand M. l'avocat général exprimait avec tant de vivacité son approbation pour les formes habituelles de la polémique de la *Gazette de France;* quand il rendait une si pleine justice à la modération et à la dignité de son langage, ainsi qu'à ses constants efforts pour le maintien de l'ordre, je ne m'attendais pas, je l'avoue, à un rapprochement entre elle et ces journaux qui, selon l'organe du ministère public, travaillent chaque jour, par la provocation et la violence, à la ruine de cette société même !

On ne peut méconnaître cette vérité que le suffrage universel est en grande partie la conquête de la *Gazette de France.*

Si tous les citoyens sont appelés aujourd'hui à la vie politique, c'est à son énergique persévérance que ce résultat est principalement dû.

En aidant ainsi à renverser le dernier des priviléges que toutes les révolutions qui ont passé sur la France avaient laissé debout, elle a concouru à établir la véritable égalité politique.

Mais ce n'est pas une vaine théorie, une pure abstraction qu'elle entendait faire triompher ; c'est un principe fécond, et d'une application sérieuse.

Le suffrage universel est à ses yeux l'expression vraie, entière, irrécusable, de la souveraineté nationale. C'est l'exercice d'un droit imprescriptible.

Ce principe s'élève pour elle à la hauteur d'un dogme politique. Inébranlable dans sa foi, aucun acte, aucun écrit, depuis vingt ans, n'a démenti en elle cette croyance.

Elle n'invoque pas le suffrage universel seulement comme un moyen d'opposition ou de parti.

Elle est prête à se soumettre à la volonté nationale, quelle qu'elle soit ; mais elle ne veut céder qu'à l'expression libre et complète de cette volonté.

Lorsqu'en février 1848 elle a vu proclamer le suffrage universel, ce but si constant de ses efforts, elle n'a pas douté un seul instant que là ne se trouvât le remède à la situation difficile dans laquelle le pays venait d'être si brusquement précipité.

Elle voulait que la nation fût immédiatement convoquée pour

qu'elle s'expliquât sur la forme du gouvernement qu'il lui convenait d'établir.

Convaincue que ce qui peut apporter le plus d'ordre et de prospérité à la France ne se rencontrait pas dans les institutions qu'on venait de fonder à la hâte, sa conscience lui faisait un devoir de le dire avec courage.

Le suffrage universel et un pouvoir héréditaire, c'est-à-dire l'alliance certaine et indissoluble du pouvoir et de la liberté, voilà ce qui, dans sa pensée, devait offrir les garanties les plus assurées de grandeur, de sécurité et de bien-être pour le pays.

Lorsqu'elle vit son attente trompée sur ce point, elle se consola de cette déception par l'espoir que la constitution à laquelle allait travailler l'Assemblée nationale serait soumise à la ratification du peuple.

Cet espoir de nouveau trahi, la *Gazette de France* crut devoir protester au nom même de la souveraineté nationale.

Ce sentiment, elle l'expose chaque jour avec franchise et loyauté ; elle le présente à la nation et l'en fait juge. Elle ne demande qu'une chose : c'est que la nation délibère et prononce. Elle fait appel, non aux passions, à la violence des partis, mais à la raison publique. Voilà la thèse qu'elle soutient, qu'elle développe avec conviction et persévérance. Où est le danger de cette polémique? N'est-elle pas un hommage rendu à la souveraineté nationale? Est-il un moyen de l'honorer davantage? (Marques d'assentiment.)

Mais la *Gazette de France*, en signalant à la volonté suprême du pays le pouvoir héréditaire comme l'allié nécessaire et providentiel de la liberté, ne fait-elle que suivre le rêve d'une imagination troublée? Se plaît-elle à inventer, comme le disait M. l'avocat général, une constitution pour la France?... Ce langage du ministère public supposerait l'oubli de la grande œuvre accomplie par la France en 1789! Est-il défendu de croire qu'à cette glorieuse époque de sa régénération, la France avait un moment entrevu et possédé les institutions qui pouvaient le mieux répondre à ses généreux instincts, à sa dignité, à ses intérêts véritables? Ah! quand elle fixait ses yeux et sa pensée sur ces admirables cahiers où sont si noblement et si unanimement formulés les vœux, les besoins, non-seulement des villes, mais des plus humbles communes, la *Gazette de France* n'a-t-elle pas eu le droit de se demander si là aussi n'était pas l'expression vraie et profonde du sentiment du pays et de la volonté nationale ? N'a-t-elle pas eu le droit de se demander si ce qui s'est fait depuis le 24 février et sans la consécration du vote populaire, pouvait infirmer à jamais cette première et éclatante manifestation du suffrage universel ?...

La *Gazette de France* n'a donc rien créé, et son unique tâche est d'éclairer le pays, en lui montrant ce que, dans le plein exercice de ses droits et de sa liberté, il a déjà fait et voulu lui-même.

Est-ce l'acte d'un ennemi de la paix publique? Qui donc oserait le soutenir?

Chacun des articles incriminés démontrera ce que j'avance, et en donnant la preuve des convictions sincères et patriotiques de la *Gazette de France*, rendra plus étranges et plus difficiles à concevoir les poursuites dirigées contre elles.

Nous avons à répondre aujourd'hui à deux procès réunis en un seul.

Le premier des articles déférés à votre justice, messieurs, porte la date du 9 janvier 1849.

C'est une adresse à l'assemblée nationale, émanée des électeurs d'Argentan, département de l'Orne.

Je dois vous en donner une nouvelle lecture.

Me de Thorigny, après avoir lu cet article, continue ainsi :

M. l'avocat général a vu, jusque dans le titre même de cet article, quelque chose de répréhensible. La qualité d'électeur, a-t-il dit, ne peut être prise en dehors de l'exercice du droit électoral. Ce droit, épuisé par le vote, fait disparaître le titre au nom duquel il s'est exercé. — N'y a-t-il pas quelque danger à le laisser impunément usurper dans l'unique but de se livrer à des manifestations de désordre?... Je ne veux pas engager de discussion sur ce point avec M. l'avocat général. Je ne puis, quant à moi, regarder comme sérieux ce premier reproche à l'article incriminé. Il en sera de même du plus ou moins grand nombre de signataires de cette adresse.

Combien a-t-elle eu de signataires? s'écriait l'organe du ministère public. A-t-elle été même déposée sur le bureau de l'assemblée nationale? N'est-ce pas un voile sous lequel la *Gazette de France*, a voulu exhaler ses propres rancunes contre les représentants du pays?

Il me serait difficile de donner pleine satisfaction à M. l'avocat général sur les circonstances diverses dont il se préoccupe.

Je n'ai pas sous les yeux l'original de l'adresse des électeurs d'Argentan. Je n'ai nullement songé même à la rechercher. Je ne sais pas, et je n'ai pas voulu savoir le nombre de signatures qu'il portait. Il ne m'est pas venu un seul instant à la pensée que ces faits eussent la moindre importance. Je ferai même, à cet égard, toutes les concessions qu'on voudra.

J'ajoute que je n'ai pas fait, non plus, de démarches pour m'enquérir du dépôt de cette pièce au bureau de l'Assemblée. L'aurais-je fait avec utilité? Je l'ignore. Peut-être les renseignements demandés n'eussent-ils conduit à rien de positif. Tant de pétitions ont pu être déposées et égarées! Celle-ci, plus heureuse, a-t-elle survécu au naufrage?

Et qu'importe après tout?

Certes, la *Gazette de France* a prouvé qu'elle sait dire sa pensée sans masque, sans détour. Pourquoi voudriez-vous que, dans cette circonstance seule, elle eût emprunté une forme étrangère à sa rédaction pour en couvrir ses propres idées? Est-ce que cela est vraisemblable? Au lieu de la faire descendre à ce rôle de misérable charlatanisme, pourquoi ne pas admettre la vérité, la sincérité de l'adresse des électeurs ou d'une partie des électeurs d'Argentan?

Cette adresse, en définitive, se serait-elle produite dans des circonstances qui devraient en faire suspecter l'origine et l'existence même?

Faut-il rappeler le moment où elle a surgi, où elle a été mise au jour? C'était au mois de janvier, alors que le président de la république venait de prendre possession de la magistrature suprême que le suffrage universel lui avait dévolue avec une si imposante majorité. Qui n'a été frappé, à cet instant, de l'antagonisme élevé tout à coup entre l'Assemblée nationale et le président? D'où venait-il? quelle en était la cause? Vous le savez, Messieurs, aussi bien que moi. Qui donc a pu ignorer ce que l'Assemblée avait fait pour repousser le candidat à la présidence dont l'élection venait d'être proclamée, et pour manifester ses sympathies en faveur d'une candidature opposée, sympathies qui se sont traduites en démarches de nature peut-être à compromettre sa propre dignité? et quand le vœu national eut déjoué toutes ces manœuvres, a-t-on oublié l'accueil glacial fait par la chambre à l'élu du pays? Est-ce que le pays n'a pas dû s'en étonner, et même en être profondément blessé?... Qu'a-t-on dit alors?

On a dit que, la constitution étant faite, la mission de l'Assemblée était accomplie, et qu'elle devait se retirer. On a dit qu'il était urgent de mettre un terme aux conflits et à l'antagonisme si tristement amené entre les deux grands pouvoirs de l'État, issus de la même origine, et par cela même impuissants l'un contre l'autre.

Et quel était l'arbitre souverain dans cette lutte? N'était-ce pas le pays? Voilà ce que disait le pays lui-même par ses mille voix, par mille adresses plus explicites encore que celles qu'on a cru devoir poursuivre. Un procès pour cette pétition! y pensez-vous? Mais, de toutes celles que je viens de rappeler, il n'en est peut-être pas dont le langage n'ait été, au fond, plus violent et plus agressif.

Dois-je rappeler l'article de *l'Émancipateur* de Cambrai, que la *Gazette de France* a reproduit, et pour lequel elle a été saisie? Ce sera un autre procès... le fera-t-on? *L'Émancipateur* a été acquitté par le jury, et voilà peut-être pourquoi la *Gazette de France* n'a pas encore été poursuivie, quoique cette publication ait été antérieure à celle dont on demande aujourd'hui la répression. Mais ce que je puis dire, sans crainte d'être démenti, c'est que cet article, acquitté par le jury, était bien autrement hostile que celui dont on sollicite la condamnation.

Et d'ailleurs, l'Assemblée nationale n'a-t-elle pas cédé, enfin, à ce que réclamait le pays? Ne se souvient-on déjà plus de la proposition faite par un de ses membres, et qui suscita dans son sein des débats si animés?

Un ministre, celui qui dirige aujourd'hui le cabinet; celui qui, après le président, occupe la position la plus élevée dans le pouvoir, n'a-t-il pas dit aux adversaires de cette proposition que, dans sa pensée aussi, la mission de l'Assemblée était terminée, et qu'elle était désormais frappée de discrédit et d'impuissance? Et ce n'est pas dans un journal que ces paroles ont été tracées; elles ont retenti du haut de la tribune de l'Assemblée! Y a-t-il, je le demande, dans cette adresse d'Argentan, rien qui soit aussi énergique que ce langage? Que dit-elle, en effet? qu'il faut que l'Assemblée se retire pour faire place à une autre assemblée, nouvelle expression du suffrage universelle; et elle ajoute, empruntant une phrase au journal *le Charivari*, qu'en résistant au vœu qu'elle croit être celui du pays, certains membres de la Chambre pourraient être sujets au reproche de vouloir se perpétuer à 25 francs par jour. Est-ce que cela est sérieux? est-ce qu'un homme sensé pourrait voir là une attaque contre les droits et l'autorité de l'Assemblée nationale? Est-ce qu'il n'est pas triste de voir la cour d'assises détournée du grave exercice de ses devoirs rigoureux pour juger de pareilles futilités ! (Marques d'approbation.)

Mais, dit M. l'avocat général, ne voyez-vous pas avec quelle irrévérence on parle de cette constitution, devenue la loi du pays, et qui, d'après l'article incriminé, aurait été bâclée sous l'empire de l'état de siége? Ce mot *bâclé* surtout a encouru toute la sévérité du ministère public. Il y a insisté comme trouvant là le siége principal du délit imputé à la *Gazette de France*. Je voudrais, pour que M. l'avocat général jugeât ce mot avec moins de rigueur, qu'il dirigeât sa pensée vers l'époque où il fût introduit pour la première fois dans le vocabulaire politique. Qui ne sait qu'il a été appliqué d'abord à la charte de 1830, et que, pendant dix-huit ans qu'a duré cette charte, il ne lui est pas arrivé une seule fois d'en prendre ombrage! La constitution nouvelle se montrera-t-elle plus susceptible? Dans le sens attribué à ce mot, il n'entre pas une autre idée que celle de la précipitation et peut-être du défaut de maturité.

Ce mot, en lui-même, n'a donc rien de coupable. Changerait-il de caractère parce qu'il est ajouté que cette constitution aurait été ainsi faite sous l'empire de l'état de siége? Quoi donc! Est-ce que cela n'est pas vrai ? Est-ce que tous les organes de la presse n'ont pas protesté contre cette situation anormale dans laquelle se trouvait l'Assemblée, chargée de donner des institutions au pays? Peut-on croire à l'indépendance, à la liberté d'une assemblée lorsqu'elle délibère et vote sous les auspices de l'état de siége? A-t-on encore oublié qu'à ce moment même des écrivains ont été saisis, jetés en prison, un bâillon sur la bouche : je ne veux pas rappeler ici seulement ce qui arriva au journal *la Presse;* celui que je défends, lui aussi, fut atteint par ces mesures arbitraires et iniques ; lui aussi, a été frappé dans sa fortune et dans son existence même, par deux mois de suspension ! (Mouvement.)

Et comment l'opinion émise par les électeurs d'Argentan pourrait-elle être aggressive jusqu'au délit quand ils ne font d'autre menace que d'appuyer leur vœu par toutes les voies légales? M. l'avocat général, il est vrai, demande ce que sont et où sont les voies légales. Il le demande dans un temps et dans un pays de liberté ! Mais les pétitions à l'Assemblée, la presse, les affiches, les innombrables tribunes dressées sur tous les points de la France, ne sont-ce pas là des voies légales ? Je ne sais pas quelles pensées les autres journaux enveloppent sous ces mots, et je ne dois pas les rechercher. Ce que je sais seulement, c'est que les paroles prononcées par M. l'avocat général sur la réserve habituelle de la *Gazette de France* auraient dû la mettre à l'abri de ces suppositions, toutes gratuites, auxquelles s'est laissé entraîner sur ce point l'organe du ministère public.

Quant au mot de protestation, incriminé également, je ne puis, en vérité, comprendre comment il pourrait, par lui-même et sans commentaire, devenir coupable et contenir une attaque de nature à encourir les sévérités de la loi.

Cette attaque, je la cherche en vain dans l'article tout entier. L'attaque suppose la violence, la brutalité même dans les paroles. Peut-on dire que l'adresse des électeurs d'Argentan soit entachée de ce caractère ? Je ne le pense pas. Il n'y a rien là qui dépasse les limites du droit d'examen et de discussion.

Je passe au deuxième article lu par M. l'avocat général, et je le remets de suite sous vos yeux.

Vous le voyez, Messieurs, cet article n'est qu'une réponse à l'attaque d'un autre journal. Où est donc le délit imputé à la *Gazette de France ?...* J'ai déjà longtemps vécu dans les luttes judiciaires de la presse. Eh bien ! je le déclare, jamais je n'ai trouvé d'article dont la poursuite soit moins justifiée. Quoi ! la *Gazette de France* devait accepter sans réponse l'injure qu'on lui jetait à la face ! Il lui était interdit de la repousser avec une noble fierté ! Ah ! M. l'avocat général lui-même, en soutenant la culpabilité de cet article, était à chaque instant démenti par les mouvements généreux de son propre cœur ! Avec quelle élévation de langage n'a-t-il pas dépeint lui-même les justes susceptibilités de l'honneur d'un parti aussi grossièrement outragé !...

La *Gazette de France* serait-elle coupable seulement pour s'être glorifiée de soutenir le droit, la vérité, la justice, quand tant de gens les abandonnent ?

Mais tous les partis n'ont-ils pas la prétention d'avoir de leur côté la justice, la vérité et le droit ?

Le dire, sera-ce commettre, comme le veut M. l'avocat général, le délit d'attaque contre les institutions républicaines et contre la constitution ?

Qu'est-ce donc alors que la liberté d'émettre sa pensée, s'il n'est pas même permis à la conscience blessée de s'indigner d'un outrage et de le relever avec un légitime orgueil?...

Je n'insiste pas davantage.

J'arrive au troisième article, qui dans l'ordre des articles publiés, devait s'offrir le second à notre examen.

La loyauté de M. l'avocat général m'est connue. Personne n'honore plus que moi son caractère et son talent; mais, qu'il me soit permis de le dire, n'est-ce pas afin de donner plus de force à son réquisitoire qu'il a réservé, pour le dernier, cet article sur lequel il a concentré, pour ainsi dire, l'effort et tout l'espoir de son argumentation.

Je dois le relire malgré son extrême longueur.

Après cette lecture, M. de Thorigny poursuit ainsi :

L'article que je viens de lire s'écarte de la polémique ordinaire. Il semble emprunté à un de ces ouvrages sérieux, fruit d'une longue méditation, où l'appréciation philosophique emporte l'intelligence bien loin des intérêts et de l'esprit de parti.

Je le demande à tout homme de bonne foi, est-ce avec des articles semblables qu'on agite les masses? Ce langage n'est-il pas plus propre à élever la pensée qu'à l'égarer, à éclairer les peuples qu'à les troubler ?

Ce n'est pas avec des formes de discussion à la fois si dignes et si austères qu'on pourra jamais jeter le désordre dans la société.

Ce qui domine dans cet article, c'est un ardent patriotisme, un respect profond des nationalités, un vif amour de la justice appliqué à tous les peuples.

Je n'en veux pas faire un résumé complet ; je m'en fie à tous les souvenirs. Je me bornerai à faire remarquer qu'après avoir rappelé les germes funestes de discordes et de guerres civiles que la réforme a laissés dans l'esprit des populations, après avoir signalé la confusion de tous les droits et le mépris de toute règle, comme le résultat de la philosophie du dix-huitième siècle et de ses fausses lumières, l'auteur de cet article proteste avec énergie contre toutes les atteintes portées aux droits et à la liberté des peuples.

Avec quelle force il flétrit le honteux partage de la Pologne, l'oppression cruelle de l'Irlande, ces alliances forcées, cet asservissement sous un même joug de nations étrangères de mœurs, de religions, d'intérêts et de caractères! Il constate ensuite avec joie le retour qui se fait remarquer en tous lieux vers des idées plus justes, vers des sentiments empreints de plus d'humanité et de liberté véritable.

Mais, dans ce travail des peuples de l'Europe, qui pourra le mieux ramener l'ordre et le consolider?

C'est là un problème dont la solution occupe les plus graves esprits. A cette question la *Gazette de France* répond selon sa conscience religieuse et politique. Pie IX et Henri V rétablis, voilà, suivant elle, les deux conditions de l'ordre, non-seulement en France, mais dans toute l'Europe.

L'une de ces deux conditions est remplie sans doute à l'heure où je parle. Pie IX, appuyé sur le bras de la France et sur le vœu de toute la chrétienté, est rentré dans ses États, d'où il ne tardera pas à répandre de nouveau, du haut du saint-siége, ses bénédictions sur le monde catholique!

L'autre condition d'ordre, celle de l'hérédité dans le pouvoir en France, est-elle possible? est-elle nécessaire? Je n'ai pas à m'expliquer sur ce point. Je ne suis pas ici pour défendre la justesse des appréciations de la *Gazette de France*, mais pour rechercher si elle a violé la loi et commis les délits qu'on lui reproche. Qu'elle se trompe ou non dans les sentiments qu'elle exprime, ce n'est pas le point à juger.

Je m'attache seulement à démontrer avec quelle mesure, avec quelle réserve elle exprime sa pensée.

Après avoir énoncé sa conviction, que va-t-elle faire si elle est poussée par un esprit d'hostilité contre les institutions actuelles? Elle ne manquera pas d'exciter les populations à s'armer pour arriver aux résultats qu'elle indique; ou bien elle laissera tomber des paroles de fiel et de haine contre les institutions républicaines et la constitution.

Où est la trace de ce fiel et de cette haine? Formule-t-elle quelque part une attaque contre ces institutions? Elle n'en parle pas; elle se tait sur elles.

Loin de les attaquer, elle proteste qu'elle ne veut rien autre que l'appel au peuple, que l'assentiment du peuple, que l'exercice entier de la souveraineté nationale. Elle indique à la fois ce qui est, suivant elle, le mal et le remède. Mais elle laisse en même temps le pays seul juge de l'efficacité de ce remède. C'est à son intelligence, à sa raison, et non pas à ses passions qu'elle s'adresse. Encore une fois, qu'il juge, qu'il prononce, et elle respectera sa décision. Ce qu'elle veut, c'est que la France soit heureuse, c'est que la France soit sauvée, et que l'Europe soit sauvée par la France. Et il y aurait là un délit d'attaque contre les institutions républicaines et la constitution?

Mais l'idée de la *Gazette de France* est-elle donc inconciliable avec l'esprit même des institutions républicaines?... L'hérédité dans le pouvoir, le principe monarchique n'ont-ils jamais fait alliance avec l'esprit républicain? Sparte avait des rois... la Pologne aussi, et le nom de république s'appliquait à ces peuples. Dans notre vieille France, lorsque la nation s'assemblait dans les champs de mai pour délibérer sur ses propres affaires, n'agissait-elle pas aussi en véritable république? (Vive sensation.)

Il est beaucoup d'hommes sérieux qui pensent qu'avec un pouvoir héréditaire et le suffrage universel on serait peut-être plus près de réaliser le beau idéal républicain que ne le furent tous les peuples anciens et modernes. Il en est même qui croient fermement, rappelant un mot célèbre, que ce pourrait bien être : la meilleure des Républiques !.. L'idée de la *Gazette* n'a donc rien d'absolument incompatible avec celle des institutions républicaines.

Il ne suffirait pas d'ailleurs, je le suppose, de formuler une pensée plus ou moins en contradiction avec les institutions établies pour commettre une violation de la loi. Il faut une *attaque* formelle contre ces institutions. Or, où est l'attaque?

Mettre en regard deux formes de gouvernement, les comparer sérieusement, loyalement, sans injustice, sans passion, serait-ce commettre une attaque?

La constitution elle-même ne s'offre-t-elle pas à l'examen, à la critique de tous, en prévoyant le cas où elle pourra être soumise à une révision? Cette révision ne s'étend-elle pas à tout ce que renferme cette constitution?

Chaque citoyen a donc le droit d'exprimer son sentiment sur cette constitution même.

Prétendre qu'on ne doit pas aller jusqu'à scruter la forme même du gouvernement établi et en signaler les avantages ou les inconvénients pour le pays, ce serait entendre d'une étrange manière le principe de la souveraineté nationale.

Pourquoi limiter ce principe?

La nation n'est-elle pas aussi puissante aujourd'hui qu'hier? Ce qu'elle a fait ne peut-elle pas le changer, le modifier, le perfectionner, selon que son intérêt le réclame? (Marques d'assentiment.)

Si le peuple conserve intégralement son droit, comment interdire l'accés auprès de lui à des vérités utiles, à des opinions consciencieuses? Cela est impossible, à moins de nier le suffrage universel et tous les principes qui s'y rattachent. Aussi, la loi n'est-elle pas allée jusque-là. Ce qu'elle interdit, ce n'est pas l'examen, la discussion, c'est l'*attaque*. Voilà ce que défend le décret du 11 août dernier. Or, qu'est-ce que l'*attaque* dans le sens légal?

Selon tous les auteurs, et dans l'esprit même de ceux qui ont fait la loi, l'idée d'*attaque* est, comme je l'ai déjà dit, inséparable de celle de la violence et de la brutalité dans le langage. Pour attaquer, il ne suffit pas de s'écarter du respect, il faut laisser voir l'intention de l'outrage.

Cherchez cette violence, cette brutalité, cette intention d'outrage dans l'article de la *Gazette de France*. Il n'y en a pas l'ombre. Il n'y a là qu'une opinion. Y eût-il même un vœu, une espérance, je ne présume pas qu'on voulût y puiser les éléments d'un délit? Le vœu, l'espérance, ont été, il est vrai, un moment réputés coupables! C'était sous l'empire des lois de septembre 1835. Mais la révolution de février s'est hâtée d'abolir ces lois. (Mouvement.)

Ce fait a sans doute une signification. On n'a pas, je le pense, le désir de faire revivre ces lois sous une autre forme. Ce serait une injure à la conscience publique, à votre loyauté, à la sainteté de la justice. Ne nous arrêtons pas même à cette idée, nous sommes en présence du décret du 11 août 1848, nous ne devons pas nous en écarter. Il ne punit que l'attaque, qu'on ne l'oublie pas.

Et voyez l'esprit qui dirige la *Gazette de France*.

Dans l'article qui suit immédiatement celui qui est incriminé, je lis ceci :

« Aujourd'hui la France a conquis l'ordre matériel, elle veut toutes les conditions de l'ordre moral. Le premier pas à faire dans cette voie, c'est que l'insurrection soit regardée comme le plus grand des crimes, et que les hommes qui la glorifient soient déclarés les plus grands ennemis de la société. »

Pour être juste envers la *Gazette de France*, il fallait citer ces lignes : elles renferment, aux yeux du pays, sa justification complète.

Comment condamner un écrivain qui ne veut devoir le succès de ses idées qu'à la raison publique? Aussi, je n'hésite pas à le dire, cette condamnation, à mes yeux, est impossible.

Et dans quel moment viendrait-on appeler la sévérité du jury sur la *Gazette de France ?* Lorsque celui-là même, en qui elle se personnifiait, n'est plus! lorsqu'il est descendu dans la tombe, épuisé par ses longues luttes pour la liberté, pour l'ordre, pour la France! (Vive sensation.)

Pour la France!... dernier mot que sa plume ait tracé et que ses lèvres aient murmuré sur cette terre!

Pour la France!... qu'il a aimée d'un amour si désintéressé, et à laquelle il a donné son intelligence, son âme, sa vie enfin!...

Il y a peu de jours, sept départements saluaient avec acclamation sa candidature aux élections prochaines.

Écoutez aujourd'hui ces regrets unanimes qui accompagnent sa dépouille mortelle! Ce n'est pas l'esprit de parti seul qui paye ce tribut à sa mémoire. L'heure de la justice est venue ; les haines s'apaisent, les dissidences s'effacent, la vérité reprend son empire. Toutes les opinions se rencontrent autour de ce cercueil, et s'empressent de rendre hommage aux qualités éminentes de l'homme de bien qui vient d'entrer dans le repos de Dieu.

Permettez-moi de citer quelques lignes où se trouve l'expression du sentiment public. Voici ce que disait l'*Ère nouvelle* :

« L'écrivain éminent qui vient d'être enlevé à la presse française avait des amis dans tous les rangs, même dans ceux où ses opinions trouvaient des adversaires. M. de Chateaubriand, M. de Lamartine, M. Dupont (de l'Eure), M. de Villèle, M. Arago, M. Lafitte, lui prodiguèrent constamment les témoignages de leur estime et de leurs sympathies.

« A quelque point de vue qu'on se place pour juger les idées de l'homme politique, il est impossible de refuser un hommage à ce caractère énergique, qui fut toujours au service d'une inflexible conviction. »

Tous les autres journaux ont laissé échapper les mêmes regrets, le même jugement sur ce grand publiciste. Mais ce que je me plais à rappeler, ce sont les manifestations des populations ouvrières. Nîmes et Lyon ont envoyé à la *Gazette de France* des lettres touchantes sur la mort de M. de Genoude. Voici quelques fragments de celle du comité du droit national de Lyon :

« Le comité du Droit national de Lyon avait une espérance, celle de voir l'éminent publiciste qui a doté la France du suffrage universel recevoir, comme la récompense la plus digne de ses travaux, le droit de participer à la régénération politique de ce pays, qui lui devra tout dans l'avenir.

« La Providence ne l'a pas voulu. Comme Chateaubriand, comme le prélat martyr, qui l'appelaient du haut ciel, Genoude est allé avant la fin de la journée recevoir le prix de son labeur. Mais la route que ces trois athlètes de la foi et du patriotisme ont illuminée de leur génie, arrosée de leur sang et de leurs sueurs, est tracée jusqu'au terme qu'il ne leur a pas été donné d'atteindre. »

Je pourrais multiplier ces citations, je m'arrête. Vous connaissez assez celui auquel elles s'adressent.

Eh bien, en regard de ces témoignages éclatants d'estime, d'affection, de respect, qui se répandent sur cette tombe, voudriez-vous placer, je ne dis pas la flétrissure, mais le souvenir amer d'une condamnation?...

La loi, je le sais, ne voit, ne connaît que le gérant; mais la conscience ne s'y trompe pas. L'auteur des articles n'est pas le gérant. Pour obéir à la loi, il en accepte sans doute la responsabilité ; il l'accepte en ce jour plus entière que jamais. Indifférent à tout autre sentiment que celui de sa douleur, il est prêt à subir encore, pour celui qui l'honorait d'une sincère amitié, les rigueurs même les plus injustes.

Mais, messieurs, la fiction légale devra-t-elle étouffer la vérité? Est-ce bien le gérant qui aurait encouru seul cette condamnation? Ne retomberait-elle pas aussi sur cette froide poussière que protège désormais la conscience publique? Ne frapperait-elle pas, enfin, celui qui n'appartient plus qu'à la justice divine?...

Mais je ne voudrais pas devoir le succès de cette cause à l'émotion et au trouble de vos cœurs. C'est à votre intelligence élevée que je veux en être redevable.

Songez, messieurs, que nous sommes en présence de la nation convoquée pour rendre ses arrêts elle-même. Dans peu de jours s'ouvriront les élections générales. C'est au creuset du suffrage universel que toutes les idées viennent s'éprouver. La souveraineté nationale seule peut peser avec justice les théories, les principes qui se produisent devant elle.

Il est donc nécessaire que ces principes, ces théories, se manifestent librement, à la seule condition de ne pas provoquer au désordre, à l'agitation, à l'outrage contre les choses et contre les personnes. Or, quoi de plus modéré, quoi de plus éloigné de la provocation, de l'attaque ou de l'injure, que le langage de la *Gazette de France!* C'est au nom de la liberté, c'est au nom de votre patriotisme, c'est pour l'honneur même des institutions et du pays, que je sollicite de votre justice et que j'obtiendrai, j'en ai le ferme espoir, un verdict d'acquittement. (Marques unanimes d'assentiment.)

Une sensation difficile à rendre agite l'assemblée pendant cette péroraison. Les amis de M. de Genoude, présents à l'audience, émus jusqu'aux larmes, ne dissimulent pas les douleurs que les paroles du défenseur réveillent dans leurs âmes. L'honorable gérant de la *Gazette*, les yeux couverts de son mouchoir, ne peut retenir ses sanglots. La cour elle-même et le jury semblent prendre part à ces unanimes regrets, et comprendre qu'il n'y a qu'un homme de bien qui puisse être ainsi pleuré.

M. l'avocat général se lève et reproduit tous les moyens déjà développés dans son réquisitoire.

M. de Thorigny y réplique ensuite.

Nous regrettons vivement de ne pouvoir faire connaître à nos lecteurs cette réplique. On comprend que l'écriture est impuissante pour rendre ces inspirations, où la parole est la vie même, où l'on ne peut rien saisir et fixer sur le papier, parce qu'on est saisi et fixé soi-même; où les effets se composent du geste, de la voix, de l'attitude, des mouvements physiques, expression des mouvements de l'âme. Il faudrait peindre au lieu d'écrire, et peindre, non seulement l'orateur, mais l'auditoire. Nous ne pourrions qu'affaiblir ces effets en essayant de les décrire.

M. l'avocat général ayant dit que les idées de la *Gazette de France* n'étaient pas mûres encore, et que, par cela même, il y avait en ce moment danger à les produire, M. de Thorigny s'est écrié :

« Il n'y a donc entre M. l'avocat général et la *Gazette de France* qu'une question de temps. Mais quelle en sera la durée ? Quand arrivera l'heure du triomphe des idées de la *Gazette de France ?* M. l'avocat général ne le dit pas ; il se borne à dire que ces idées ne sont pas mûres. A la bonne heure ! je pense comme lui. Mais pour qu'une chose mûrisse, il faut d'abord qu'elle soit semée. Le fruit n'apparaît pas avant que le germe en ait été déposé dans le sol. Que penser de celui qui attendrait la moisson sans avoir confié d'avance au sein de la terre le grain qui doit la produire ?...

« S'il en est ainsi, d'où vient qu'on ferait un crime à la *Gazette de France* de prévoir l'avenir comme M. l'avocat général, et de montrer dès à présent à la raison publique, à la conscience du pays, ce qu'elle croit être, à son point de vue, l'élément le plus fécond de sa prospérité future ? C'est ainsi, au contraire, qu'on évite l'éclat soudain et funeste des révolutions. On n'a rien à redouter d'un peuple éclairé ; le danger ne vient que des masses, surprises dans leur ignorance et dans leur bonne foi. »

Mais le mouvement de cette réplique, qui a produit le plus d'émotion est celui où M. de Thorigny a montré M. de Génoude profondément affligé des maux où la France était plongée par l'oubli des principes, par la confusion des idées et des doctrines, s'enfermant dans sa retraite, remontant lentement, laborieusement, tous les degrés de notre histoire pour trouver ses sources pures ; y découvrant avec une joie immense ces grands principes de liberté et d'hérédité auxquels le publiciste était arrivé dans les spéculations de sa pensée ; puis, offrant aux regards de tous les glorieux titres qu'il vient d'exhumer, et disant à la France : « Voilà ce que vous êtes ! voilà les causes de votre grandeur passée, les conditions de votre grandeur future ! Servez-vous de votre souveraineté pour revenir à ces principes, à ces sages et généreuses institutions ; c'est le conseil que je vous adresse dans mes profondes convictions, dans mon ardent amour pour vous. Mais si vous ne suivez pas ce conseil, quoi que vous décidiez, quoi que vous fassiez, je me soumettrai à votre décision ; car je reconnais que vous ne devez, que vous ne pouvez être sauvés que par vous-même. »

Nous ne doutons pas que ces paroles et tous les moyens développés dans cette réplique n'aient entraîné les convictions du jury.

M. le président demande au gérant s'il n'a rien à ajouter pour sa défense.

M. Aubry-Foucault. Je m'en rapporte à la conscience de MM. les jurés.

M. le président résume les débats avec une honorable impartialité.

MM. les jurés se retirent dans la salle de leurs délibérations; au bout de quelques minutes, ils rapportent un verdict d'acquittement.

www.ingramcontent.com/pod-product-compliance
Lightning Source LLC
Chambersburg PA
CBHW060918050426
42453CB00010B/1790